GRÜNKOHL
NEU ENTDECKT

CARINA SEPPELT

GRÜNKOHL
NEU ENTDECKT

Köstliche Rezepte mit dem Superfood

JAN THORBECKE VERLAG

VERLAGSGRUPPE PATMOS

PATMOS
ESCHBACH
GRUNEWALD
THORBECKE
SCHWABEN

Die Verlagsgruppe
mit Sinn für das Leben

Hinweis:
Vegetarische Rezepte sind mit 🌿 gekennzeichnet.
Wenn Sie sich vegetarisch ernähren, lesen Sie bitte
die Hinweise auf den Produktverpackungen, um
herauszufinden, ob die jeweiligen Produkte für eine
vegetarische Ernährung geeignet sind.

Für die Schwabenverlag AG ist Nachhaltigkeit
ein wichtiger Maßstab ihres Handelns. Wir
achten daher auf den Einsatz umweltschonender
Ressourcen und Materialien.

Alle Rechte vorbehalten
© 2016 Jan Thorbecke Verlag der Schwabenverlag AG, Ostfildern
www.thorbecke.de

Gestaltung: Finken & Bumiller, Stuttgart
Druck: Firmengruppe APPL, Wemding
Hergestellt in Deutschland
ISBN 978-3-7995-1097-4

Inhalt

SUPERFOOD GRÜNKOHL
7

SMOOTHIES, SUPPEN & KLEINE GERICHTE
8

SALATE
38

SATTMACHER
52

REGISTER
87

BILDNACHWEIS
88

DIE AUTORIN
88

Superfood Grünkohl

Der gesunde und leckere Grünkohl kommt in den letzten Jahren immer mehr in Mode. Bis vor kurzem galt er noch als traditionelles norddeutsches Gericht und wurde meist zusammen mit Kasseler und Pinkel (einer norddeutschen Grützwurst) einer langen Kochzeit ausgesetzt – es entsteht ein köstliches deftiges Gericht, das einem aber durchaus länger im Magen liegen kann, weil es sehr gehaltvoll ist. Ganz anders in der modernen Küche: Hier darf das gesunde Gemüse eine sehr vielfältige Rolle spielen – egal ob als Zutat zu einem vitaminreichen Grünen Smoothie, einem köstlichen Hirse-Salat mit frischem Grünkohl oder den inzwischen als Trend-Food der Stars bekannten Grünkohlchips.

Heute weiß man, dass es das gesunde Gemüse buchstäblich in sich hat: Vor allem seine sekundären Pflanzenstoffe und Antioxidantien machen ihn zu einem wahren Superfood unter den Gemüsen. Er enthält darüber hinaus viele Proteine und besitzt einen hohen Eisengehalt, mit dem er sogar mit Rindfleisch konkurrieren kann – eine echte Alternative für Vegetarier und Veganer. Zudem enthält die Kohlsorte die Vitamine A, C und K, Folsäure, Kalzium, Kalium, Magnesium und Omega-3-Fettsäuren. Auch sein hoher Gehalt an Ballaststoffen und Chlorophyll kann sich sehr positiv auf die Gesundheit auswirken.

Damit möglichst viele der wertvollen Inhaltsstoffe erhalten bleiben, sollte Grünkohl schonend zubereitet und nicht so lange gekocht werden. Gesundheitsbewusste können die Rezepte in diesem Buch sogar mit rohem Grünkohl ausprobieren. Besonders im Salat macht sich eine gewisse Knackigkeit sogar sehr gut.

Wenn Sie Grünkohl roh verwenden, sollten Sie ihn aber unbedingt gründlich waschen und einige Minuten weich kneten – das macht ihn geschmeidiger.

Frischen Grünkohl gibt es in den Wintermonaten zu kaufen – die Kälte wirkt sich nämlich positiv auf den etwas bitteren Grünkohl aus und sorgt dafür, dass er süßer schmeckt. Neuere Züchtungen können aber auch schon früher geerntet werden. Zu kaufen gibt es das Wundergemüse auf Märkten und in Markthallen, in Bauernhofläden, aber auch in gut sortierten (Bio-)Supermärkten. Greifen Sie einfach zu, wenn Grünkohl-Saison ist! Die Sorte ist egal – Sie können alle Grünkohlsorten für die Rezepte in diesem Buch einsetzen.

Meine Gramm-Angaben in den Rezepten beziehen sich auf den bereits geputzten Grünkohl – Sie müssen also beim Einkaufen immer etwas mehr einplanen, damit Sie nachher die richtige Menge an Grünkohl für das jeweilige Rezept erhalten.

Und zuletzt: In vielen Rezepten verwende ich Knoblauch. Wenn Sie aber keinen Knoblauch mögen oder am nächsten Tag einen wichtigen Termin haben, dann lassen Sie den Knoblauch einfach weg. Die Rezepte schmecken ohne diesen geruchsintensiven Begleiter (fast) genauso gut.

Doch jetzt heißt es: Tun Sie Ihrem Körper etwas Gutes mit dem Superfood Grünkohl! Viel Freude beim Nachkochen und Genießen!

Ihre Carina Seppelt

SMOOTHIES,
Suppen &
kleine Gerichte

Grüner POWER-SMOOTHIE

Für 4 Personen

100 g Grünkohl
2 Bananen
300 g Ananas
300 g grüne kernlose Trauben
400 ml Wasser oder Apfelsaft
Eiswürfel

1. Den Grünkohl waschen. Die Bananen und die Ananas schälen.
2. Von der Ananas den Strunk entfernern und beide Früchte zusammen mit dem Grünkohl, den Trauben und dem Wasser (oder Apfelsaft) in einem Smoothie-Maker oder Mixer sehr fein pürieren. Mit Eiswürfeln servieren.

Aufgeschlagene GRÜNKOHLSUPPE
mit Cheddar-Pumpernickel-Spießen

Für 4 Personen

300 g Grünkohl
2 Zwiebeln
1 Knoblauchzehe
Pflanzenöl
50 ml Weißwein
1 l Gemüsebrühe
500 ml Sahne
4 Scheiben Pumpernickel
100 g Butter
2 Scheiben Cheddar
4 Holzspieße
Salz
Pfeffer
Zucker
Kresse zum Garnieren
 (z.B. Shisokresse)

1. Den Grünkohl putzen, waschen und trocken schleudern. Die Zwiebeln und den Knoblauch schälen und fein hacken. Öl in einem Topf erhitzen, den Knoblauch und die Zwiebeln darin anschwitzen. Den Grünkohl zugeben. Mit dem Weißwein ablöschen und mit der Brühe und der Sahne auffüllen. Ca. 20 Minuten abgedeckt köcheln lassen.
2. In der Zwischenzeit die Spieße vorbereiten. Die Pumpernickel-Scheiben mit 2 EL Butter bestreichen, zwei Scheiben mit Cheddar belegen und mit zwei Scheiben abdecken. Kleine Quadrate schneiden und vorsichtig auf Spieße stecken.
3. Die Suppe mit einem Pürierstab pürieren, durch ein feines Sieb in einen Topf passieren. Mit Salz, Pfeffer und Zucker abschmecken.
4. Die Suppe vor dem Servieren nochmals aufkochen und mit dem Pürierstab schaumig aufschlagen. Dabei die restliche Butter in kleinen Stücken nach und nach hinzugeben. Die Suppe in Suppenschalen oder Gläser füllen und mit den Cheddar-Pumpernickel-Spießen servieren. Nach Belieben mit Kresseblättchen garnieren.

Gefüllte ZUCCHINI

Für 4 Personen

150 g Grünkohl
Salz
2 Zucchini
1 Zwiebel
1 Knoblauchzehe
hochwertiges Olivenöl
3–4 Stiele Rosmarin
100 g Kirschtomaten
100 g getrocknete Tomaten
100 g Feta
Pfeffer
Zucker
20 g Pinienkerne

1. Den Backofen auf 180 °C Ober-/Unterhitze vorheizen. Den Grünkohl waschen und in kochendem Salzwasser 5 Minuten kochen. Mit kaltem Wasser abschrecken und gut ausdrücken.

2. Die Zucchini der Länge nach halbieren. Mit einem Kugelausstecher oder einem kleinen Löffel die Zucchini vorsichtig aushöhlen. Das ausgehöhlte Fruchtfleisch grob hacken. Die Zwiebel und den Knoblauch schälen, fein hacken und zusammen mit dem Zucchinifruchtfleisch in einer Pfanne mit etwas Öl 4 Minuten anbraten. Alles in eine Schüssel geben.

3. Die Rosmarinnadeln vom Stiel zupfen und grob hacken. Die Kirschtomaten halbieren, die getrockneten Tomaten würfeln, den Grünkohl hacken und alles mit in die Schüssel geben und gut vermengen. Den Feta zerbröseln und auch zugeben. Mit Salz, Pfeffer und Zucker abschmecken.

4. Die halbierten Zucchini mit der Schale nach unten in eine feuerfeste Form legen, mit der Masse füllen. Zum Schluss mit Pinienkernen bestreuen und mit jeweils 1 EL Olivenöl beträufeln. Die Zucchini im vorgeheiztem Backofen 20–25 Minuten backen. Hierzu passt ein grüner Salat.

WRAP
mit Rote-Bete-Hummus und Grünkohl

Für 4 Personen

200 g Grünkohl
Salz
50 ml hochwertiges Olivenöl
Pfeffer
Zucker
Saft und Zesten von
 ½ Zitrone
100 g Gurke
200 g gekochte Rote Bete
1 Dose Kichererbsen (400 g)
1 Msp. Kreuzkümmel
1 Msp. gemahlener Koriander
1 TL Curry
2 EL Tahina (fein gemahlene
 Sesampaste)
1 Zwiebel
1 Knoblauchzehe
4 Weizen-Tortilla-Wraps
einige Blätter Minze
200 g Feta

1. Zuerst den Grünkohl waschen und in feine Streifen schneiden. In kochendem Salzwasser 5 Minuten kochen. Unter kaltem Wasser abschrecken. Gut ausdrücken. In eine große Schüssel geben und mit Öl, Salz, Pfeffer, Zucker, Zitronensaft und Zitronenschale marinieren. Gut durchkneten. Die Gurke waschen, halbieren und in dünne Scheiben schneiden. Die Gurkenscheiben zum Grünkohl geben und abgedeckt kalt stellen.

2. Die Rote Bete und die Kichererbsen in einem Sieb abtropfen lassen. Die Flüssigkeit dabei auffangen. Die Kichererbsen und die Rote Bete zusammen mit den Gewürzen und der Tahina in einen hohen Messbecher geben. Die Zwiebel und den Knoblauch schälen, fein hacken und auch in den Messbecher geben. Alles zusammen mit einem Pürierstab zu einem cremigen Hummus mixen. Falls nötig, etwas von der aufgefangenen Flüssigkeit zugeben. Mit Salz, Pfeffer und Zucker abschmecken.

3. Die Wraps kurz in einer Grillpfanne ohne Fett anbraten, herausnehmen und mit Hummus bestreichen. Dann den marinierten Grünkohl und die Minzblättchen darauf verteilen. Zum Schluss Feta über dem Grünkohl zerbröseln. Einrollen und servieren.

BEEF-BRISKET-SANDWICH
mit Kale-Slaw und BBQ-Sauce

Für 10 Sandwiches

BEEF BRISKET
Smoker Chips*
1 EL Paprika edelsüß
1 EL geräuchertes Paprikapulver
3 EL grobes Meersalz
3 EL grob zerstoßener schwarzer Pfeffer
1 EL Knoblauchpulver
1 EL Zwiebelpulver
1 EL Chilipulver
1 EL Senfpulver
1 EL brauner Zucker

2 kg Rinderbrust (sollte beim Metzger vorbestellt werden)

BBQ-SAUCE
2 EL Worcestershiresauce
2 EL brauner Zucker
8 EL Ketchup
1 TL scharfer Senf
2 EL geräuchertes Paprikapulver
1 EL Zitronensaft

KALE-SLAW
100 g Grünkohl
Salz
1 Karotte
200 g Weißkraut-Salat
100 g Mayonnaise
50 g Joghurt
Pfeffer
Zucker
5 Cornichons

10 Scheiben Weißbrot
Chiliflocken

1. Das Beef Brisket kann sowohl im Smoker als auch im Backofen zubereitet werden. Empfohlen wird die klassische Zubereitung im Smoker, hierbei sollten Smoker Chips verwendet werden. Den Grill oder Backofen auf 110 °C Ober-/Unterhitze vorheizen.
2. Die Gewürze miteinander vermischen. Die Rinderbrust waschen, trocken tupfen und gründlich parieren, also das Fleisch von Sehnen befreien. Mit den Gewürzen einreiben. Das Fleisch auf ein Gitter oder einen Rost legen und im Smoker oder im Backofen 7–8 Stunden garen. (Das Fleisch sollte eine Kerntemperatur von ca. 90 °C haben.)
3. Für die BBQ-Sauce alle Zutaten in einen Topf geben und ca. 10 Minuten leicht köcheln lassen.
4. Für den Salat den Grünkohl putzen, waschen und trocken schleudern. Den Grünkohl in sehr feine Streifen schneiden. In kochendem Salzwasser 3 Minuten kochen. Mit kaltem Wasser abschrecken. Abtropfen lassen und gut ausdrücken. Die Karotte schälen und in sehr feine Streifen schneiden. Den Grünkohl und die Karotte mit dem Krautsalat mischen. Die Mayonnaise und den Joghurt miteinander verrühren und mit Salz, Pfeffer und Zucker würzen. Die Gurken in feine Streifen schneiden und zur Sauce geben. Die Sauce mit dem Krautsalat und dem Grünkohl vermengen.
5. Das Brot in Scheiben schneiden, toasten und mit BBQ-Sauce einstreichen. Das Fleisch (wenn möglich mit einer Aufschnittmaschine) entgegen der Faser in sehr dünne Scheiben schneiden und den Salat darauf verteilen. Mit Chiliflocken bestreuen.

* bei der Zubereitung im Smoker

KARTOFFEL-GRÜNKOHL-WAFFELN
mit Räucherlachs und Crème fraîche

Für 4 Personen

½ Bund Dill
400 g Crème fraîche
1 EL Limettensaft
1 TL Limettenabrieb
Salz
Pfeffer
Zucker
300 g vorwiegend festkochende Kartoffeln
150 g Grünkohl
250 g Magerquark
2 Eier
75 g Butter
200 g Mehl
1 TL Backpulver
100 g Räucherlachs
Dill und rosa Beeren zum Garnieren

1. Den Dill waschen, trocken tupfen und sehr fein hacken. Mit der Crème fraîche, dem Limettensaft und dem Limettenabrieb verrühren. Mit Salz, Pfeffer und Zucker abschmecken und bis zum Servieren kalt stellen.

2. Die Kartoffeln mit der Schale in kochendem Salzwasser ca. 20 Minuten gar kochen. Abgießen und noch warm pellen.

3. Den Grünkohl in kochendem Salzwasser 5 Minuten kochen. Abgießen, abschrecken und sehr gut ausdrücken. Den Grünkohl, den Quark, die Eier und die Butter zusammen in einen Mixer geben und sehr fein pürieren. Die Masse in eine Schüssel füllen, das Mehl und das Backpulver zugeben und unterrühren. Dann die Kartoffeln durch eine Kartoffelpresse in die Masse pressen und auch unterrühren. Mit Salz und Pfeffer würzen.

4. Das Waffeleisen vorheizen. Den Teig darin portionsweise backen. Die Waffeln zusammen mit geräuchertem Lachs und Crème fraîche servieren. Nach Belieben mit Dill und rosa Beeren garnieren.

Mit Grünkohl und Nordseekrabben gefüllte KARTOFFELN

Für 4 Personen

- 4 große Kartoffeln (als Vorspeise kleine)
- Salz
- 200 g Grünkohl
- 2 Knoblauchzehen
- 2 Zwiebeln
- 2 EL Pflanzenöl
- 400 ml Geflügelfond
- Pfeffer
- Kräuter (z.B. Petersilie, Kerbel, Dill, Schnittlauch)
- 1 EL Zitronensaft
- 250 g Quark
- Zucker
- 200 g Nordseekrabben

1. Den Backofen auf 200 °C Ober-/Unterhitze vorheizen. Die Kartoffeln waschen und einzeln in Aluminiumfolie einwickeln und darin im Backofen 1 Stunde garen. Alternativ in kochendem Salzwasser ca. 25 Minuten gar kochen. (Je nach Kartoffelgröße kann die Back- oder Kochzeit variieren.)

2. In der Zwischenzeit den Grünkohl waschen und grob hacken. Den Knoblauch und die Zwiebeln schälen und fein hacken. Das Öl in einem Topf erhitzen, den Knoblauch und die Zwiebeln darin anschwitzen. Den Grünkohl zugeben, kurz mitbraten, dann mit dem Fond ablöschen. Mit Salz und Pfeffer abschmecken. 15 Minuten leicht köcheln lassen.

3. Die Kräuter waschen, fein hacken und zusammen mit dem Zitronensaft und dem Quark zu einem Dip rühren. Mit Salz, Pfeffer und Zucker abschmecken. Jeweils einen »Deckel« von den Kartoffeln schneiden. Die Kartoffeln vorsichtig etwas mit einem Löffel aushöhlen. Die ausgehöhlten Kartoffelstücke zum Grünkohl geben, vermischen und die Masse in die Kartoffeln füllen. Zum Schluss die Nordseekrabben auf den gefüllten Kartoffeln verteilen. Mit Kräuterquark servieren.

POCHIERTES EI
auf Grünkohl-Toast

Für 4 Personen

400 g Grünkohl
Salz
1 Knoblauchzehe
1 kleine Zwiebel
2 EL Butter
100 ml Gemüsebrühe
Pfeffer
3 EL Essig
4 Eier
8 Scheiben Bacon
1 EL Öl zum Braten
4 große Scheiben Weißbrot/Toast
50 g Parmesan
2 EL hochwertiges Olivenöl
Petersilie zum Garnieren

1. Den Grünkohl waschen und grob hacken. In Salzwasser 5 Minuten kochen. Durch ein Sieb abgießen und mit kaltem Wasser abschrecken. Gut ausdrücken. Den Knoblauch und die Zwiebel schälen und fein hacken. Die Butter in einer Pfanne erhitzen, den Knoblauch und die Zwiebeln darin glasig anbraten. Den Grünkohl zugeben und mit der Brühe ablöschen. Mit Salz und Pfeffer würzen. Leicht köcheln lassen.
2. In einem großen Topf 1 l Wasser mit Essig zum Sieden bringen (nicht kochen). Die Eier nacheinander in eine Tasse schlagen, dann vorsichtig ins Wasser »gießen«. Die Eier im siedenden Essigwasser 4–5 Minuten garen.
3. In der Zwischenzeit den Bacon in einer Pfanne mit etwas Öl kross anbraten. Das Brot toasten und auf vier Teller legen, den Grünkohl darauf verteilen. Dann mit Speck und pochierten Eiern belegen. Parmesan über die Eier hobeln. Mit Olivenöl beträufeln, mit Salz und Pfeffer würzen und mit Petersilie garnieren.

GRÜNKOHL-FLAMMKUCHEN

Für 4 große Flammkuchen

FLAMMKUCHENTEIG
300 ml lauwarmes Wasser
1 Prise Salz
1 Prise Zucker
½ Würfel Hefe
600 g Mehl
5 EL Pflanzenöl

BELAG
400 g Grünkohl
Salz
2 rote Zwiebeln
500 g Crème fraîche
Pfeffer
130 g geräucherte Forelle

1. Das Wasser mit einer Prise Salz und einer Prise Zucker vermischen. Die Hefe hineinbröseln und mit einem Löffel verrühren, bis die Hefe aufgelöst ist. Das Mehl mit dem Hefewasser und dem Öl zu einem glatten Teig verkneten. An einem warmen Ort ca. 30 Minuten abgedeckt gehen lassen.

2. Den Backofen auf 270 °C Ober-/Unterhitze (oder so hoch wie möglich) vorheizen. Für den Belag den Grünkohl grob hacken und in kochendem Salzwasser 5 Minuten kochen. Unter kaltem Wasser abschrecken und gut ausdrücken. Die Zwiebeln schälen, halbieren und in feine Streifen schneiden.

3. Den Flammkuchenteig in vier Portionen aufteilen. Jede Portion ausrollen, mit ca. 125 g Crème fraîche bestreichen. Mit Grünkohl und Zwiebeln belegen. Mit Salz und Pfeffer würzen und im vorgeheizten Backofen nacheinander ca. 7 Minuten backen. Vor dem Servieren die geräucherte Forelle in walnussgroße Stücke zupfen und auf dem Flammkuchen verteilen. Natürlich kann statt Forelle auch Schinken oder Ähnliches verwendet werden.

GRÜNKOHL-BRÖTCHEN

Für 8 kleine Brötchen

TEIG
300 g Grünkohl
200 ml Milch
20 g Butter
1 Prise Salz
20 g Zucker
½ Würfel Hefe
350 g Mehl
50 g Röstzwiebeln

BELAG
200 g Apfel-Griebenschmalz
160 g geräucherter Speck
  (in dünnen Scheiben)
8 Cornichons
8 Spieße

1. Den Grünkohl waschen, trocken schleudern und sehr fein hacken. Den Grünkohl und 100 ml Milch in einen Topf geben und aufkochen. 10 Minuten köcheln lassen.

2. 100 ml Milch lauwarm erhitzen, die Butter, das Salz, den Zucker und die Hefe zugeben. Das Mehl und die Röstzwiebeln in einer großen Rührschüssel vermischen. Wenn die Hefe in der Milch aufgelöst ist, die Mischung in die Rührschüssel geben und alles miteinander verkneten, bis ein gleichmäßiger Teig entsteht. Den Grünkohl mit Milch fein pürieren und unter den Teig kneten. Den Teig an einem warmen Ort ca. 30 Minuten gehen lassen.

3. Den Backofen auf 190 °C Ober-/Unterhitze vorheizen. Aus dem Teig acht Brötchen formen und auf ein mit Backpapier ausgelegtes Backblech legen. Mit einem Küchentuch abdecken und noch einmal ca. 30 Minuten gehen lassen. Die Brötchen im vorgeheizten Backofen ca. 25 Minuten backen. Auskühlen lassen. Zum Servieren halbieren, mit Schmalz bestreichen und mit Speck belegen, dann zusammenklappen. Die Cornichons aufspießen und in den Deckel stecken.

ZWEIERLEI GRÜNKOHLCHIPS
mit Guacamole

Für 4 Personen

SÜSS-SALZIG
20 Grünkohlblätter
6 EL Öl
2 EL Salz (vorzugsweise Fleur de Sel)
2 EL Paprikapulver edelsüß
2 EL Zucker

PIKANT
20 Grünkohlblätter
6 EL Öl
2 EL Cayennepfeffer
2 EL Salz

GUACAMOLE
2 Tomaten
2 kleine reife Avocado
Salz
Pfeffer
Saft von ½ Zitrone
4–6 Stiele Koriander

1. Den Backofen auf 150 °C Ober-/Unterhitze vorheizen. Die Grünkohlblätter waschen, trocken tupfen und den Strunk herausschneiden. Je nach gewählter Sorte jeweils das Öl mit den restlichen Zutaten verrühren, dann die Grünkohlblätter damit dünn einstreichen.

2. Auf mit Backpapier ausgelegte Backbleche verteilen. Die Blätter sollen nicht übereinander liegen. Im Ofen ca. 30 Minuten kross backen.

3. In der Zwischenzeit eine Guacamole vorbereiten. Die Tomaten waschen, vierteln sowie Strunk und Kerne entfernen. Das Tomatenfruchtfleisch in Würfel schneiden. Die Avocados halbieren. Die Kerne entfernen und das Fruchtfleisch aus der Schale lösen. Die Avocado in einer Schüssel mit einer Gabel grob zerdrücken. Mit Salz, Pfeffer und Zitronensaft abschmecken. Die Tomatenwürfel zugeben. Den Koriander waschen, die Blättchen vom Stiel zupfen, hacken und ebenfalls zur Avocado geben. Die Chips zusammen mit der Guacamole servieren.

GRÜNKOHL-PESTO

Für ein Glas (500 ml)

40 g Grünkohl
40 g Petersilie
1 Knoblauchzehe
50 g Parmesan
1 Spritzer Zitronensaft
300 ml hochwertiges Olivenöl
20 g Pinienkerne
Salz
Pfeffer
Zucker

1. Den Grünkohl und die Petersilie putzen, waschen und grob hacken. Den Knoblauch schälen und grob hacken. Den Parmesan auf einer Reibe grob raspeln.
2. Alle Zutaten zusammen in einem Mixer zu einem feinen Pesto pürieren. Zum Schluss mit Salz, Pfeffer und Zucker abschmecken. Das Pesto zusammen mit gekochter Pasta servieren oder zum Beispiel als Dip weiterverarbeiten (Rezept siehe Seite 35).

Pikanter GRÜNKOHL-PESTO-DIP

Für 4 Personen

½ rote Chilischote
6 EL Grünkohlpesto
  (siehe Rezept S. 32)
6 EL Frischkäse
Chiliflocken

1. Die Chilischote waschen, halbieren, entkernen und fein hacken.
2. Alle Zutaten bis auf die Chiliflocken zusammen in eine hohe Rührschüssel geben und mit einem Handmixer zu einem Dip aufschlagen. In eine Schüssel füllen, mit Chiliflocken bestreuen und mit Brot servieren.

OFEN-KAROTTEN
in Grünkohlpesto

Für 4 Personen

1 kg bunte Karotten (orange, gelb, violett)
4 Schalotten
4 EL Grünkohlpesto (siehe Rezept Seite 32)
4 EL Olivenöl
2 EL Honig
Salz
Pfeffer
Kräuter zum Garnieren (z.B. Petersilie)

1. Den Backofen auf 180 °C Ober-/Unterhitze vorheizen. Die Karotten schälen und je nach Größe vierteln oder halbieren, so dass alle Stücke die gleiche Stärke haben. (Das ist wichtig, damit alle Karotten gleichzeitig gar sind.) Die Schalotten schälen und vierteln.
2. Die Karotten und die Schalotten nebeneinander auf ein mit Backpapier ausgelegtes Backblech legen. Das Pesto mit dem Öl verrühren und über die Karotten verteilen. Den Honig über die Karotten und die Schalotten sprenkeln. Mit Salz und Pfeffer würzen.
3. Das Backblech in den Backofen schieben und ca. 15 Minuten backen. Mit Kräutern garnieren. Die Ofenkarotten passen perfekt zu Kartoffelpüree.

Roh marinierter GRÜNKOHL

Für 4 Personen

200 g Grünkohl
50 ml Weißweinessig
150 ml hochwertiges Olivenöl
Salz
Pfeffer
Zucker
Saft von 1 Zitrone oder Limette

1. Den Grünkohl gut waschen, trocken schleudern und grob hacken.
2. Den Grünkohl in eine große Schüssel geben, mit Essig, Öl, Salz, Pfeffer, Zucker und Zitronen- bzw. Limettensaft marinieren. Den Grünkohl dabei kräftig kneten, bis er geschmeidig wird. Z.B. zu einem guten Steak oder frischem Baguette servieren.

Tipp:

Nach Belieben können Sie dieses Grundrezept mit z.B. Avocadostreifen, Tofu oder Orangenfilets verfeinern.

Orientalischer GRÜNKOHL-SALAT
mit Tandoorihähnchen und Ziegenkäse

Für 4 Personen

200 g Grünkohl
Salz
1 EL Curry
9 EL Olivenöl
1 milde Chilischote
2 EL Weißweinessig
2 EL Honig
Pfeffer
1 Msp. Zimt
1 Msp. gemahlener Koriander
1 Msp. Kreuzkümmel
100 g Salatgurke
jeweils 1 rote und gelbe Paprika
50 g Cranberrys
2 Hähnchenbrustfilets (insgesamt ca. 500 g)
2 EL Tandooripaste
200 g Ziegenfrischkäse (Rolle)

1. Den Grünkohl waschen, trocken schleudern und in Streifen schneiden. In Salzwasser ca. 5 Minuten kochen. Unter kaltem Wasser abschrecken und gut ausdrücken.
2. Das Curry und 8 EL Öl miteinander verrühren und ca. 5 Minuten quellen lassen. Die Chilischote halbieren, entkernen und fein hacken. Das Curry-Öl, den Essig, die Chili, den Honig, Salz, Pfeffer, Zimt, Koriander und Kreuzkümmel zu einem Dressing verrühren.
3. Den Grünkohl zum Dressing geben. Die Gurke und die Paprikaschoten waschen, die Paprika entkernen und beide Gemüse in Streifen schneiden. Zusammen mit den Cranberrys zum Salat geben. Alles gut vermengen und den Salat in eine Schüssel geben.
4. Das Hähnchenbrustfilet waschen, trocken tupfen und in Streifen schneiden. Die Tandooripaste zugeben und miteinander vermengen. 1 EL Öl in einer Pfanne erhitzen und das Fleisch darin von allen Seiten ca. 5 Minuten scharf anbraten. Zum Salat geben. Zum Schluss den Ziegenkäse in Scheiben schneiden und in einer heißen Pfanne 10–20 Sekunden von beiden Seiten anbraten. Den Käse auf dem Salat verteilen und servieren.

Asiatischer GRÜNKOHL-SALAT in Erdnussdressing

Für 4 Personen

50 g Glasnudeln
2 EL Erdnussbutter
2 EL Sweet-Chilli-Sauce
8 EL warmes Wasser
1 Spritzer Limettensaft
Salz
Pfeffer
Honig
300 g Grünkohl
2 kleine Karotten
1 rote Zwiebel
½ Bund Koriander
500 ml Öl zum Frittieren
2 EL Olivenöl
12 Garnelen

1. Die Glasnudeln nach Packungsanweisung kochen.
2. Für das Dressing die Erdnussbutter mit der Sweet-Chili-Sauce, dem Wasser und dem Limettensaft verrühren. Mit Salz, Pfeffer und Honig abschmecken.
3. Den Grünkohl waschen und in Salzwasser ca. 5 Minuten kochen. Unter kaltem Wasser abschrecken und gut ausdrücken. Den Grünkohl mit dem Erdnussdressing vermengen. Die Karotten schälen und in Streifen schneiden. Die Zwiebel schälen, halbieren und in Streifen schneiden. Die Karotten und die Zwiebeln zum Salat geben. Den Koriander waschen, trocken tupfen und die Blättchen abzupfen. Die Korianderblätter zum Salat geben.
4. Die Glasnudeln gut trocken tupfen. 500 ml Öl in einem Topf erhitzen. Die Glasnudeln zu 8 Häufchen zusammenlegen und nacheinander jeweils 30–60 Sekunden im heißen Öl frittieren. Auf Küchenkrepp abtropfen lassen.
5. 2 EL Öl in einer Pfanne erhitzen. Die Garnelen darin von beiden Seiten 3–4 Minuten anbraten. Mit Salz würzen. Den Salat ein vier Salatschalen verteilen. Die Glasnudeln und die Garnelen auf dem Salat verteilen und servieren.

GRÜNKOHL-FELDSALAT
mit Apfelchips, gebratenem Speck und Bergkäse

Für 4 Personen

2 kleine Äpfel
200 g Grünkohl
Salz
2 Schalotten
4 EL Balsamico Bianco
2 EL süßer Senf
2 EL Honig
8 EL hochwertiges Sonnenblumenöl
Pfeffer
50 g Walnüsse
100 g Feldsalat
8 Scheiben Bacon
100 g Bergkäse

1. Den Backofen auf 70 °C Ober-/Unterhitze vorheizen. Die Äpfel waschen, trocken tupfen und in sehr dünne Scheiben schneiden. Die Scheiben auf ein mit Backpapier ausgelegtes Backblech legen und im vorgeheizten Backofen ca. 3 Stunden trocknen. Den Backofen dabei ein kleines Stück auflassen. Das klappt gut, indem man ein Küchentuch zwischen die Tür klemmt.

2. Den Grünkohl waschen. In Salzwasser 5 Minuten kochen. Unter kaltem Wasser abschrecken. Gut ausdrücken.

3. Die Vinaigrette vorbereiten. Dazu die Schalotten schälen und fein würfeln. Den Essig mit den Schalottenwürfeln, dem Senf und dem Honig verrühren. Das Öl langsam mit einem Schneebesen unterrühren. Wenn die Vinaigrette zu dickflüssig ist, etwas Wasser unterrühren. Mit Salz und Pfeffer abschmecken.

4. Die Walnüsse in einer Pfanne ohne Fett kurz anrösten. Dann grob hacken. Den Salat putzen, waschen und trocken schleudern. Den Salat und den Grünkohl in mundgerechte Stücke zupfen. Den Bacon in einer heißen Pfanne kross anbraten. Den Salat auf vier Tellern verteilen, die Apfelchips, den Bacon und die Vinaigrette darauf verteilen. Zum Schluss den Bergkäse über den Salat reiben.

GRÜNKOHL-CEASAR-SALAD
mit Quinoa-Kürbiskerntopping

Für 4 Personen

2 EL Kürbiskerne
2 EL gepuffte Quinoa
2 EL Honig
1 Knoblauchzehe
2 eingelegte Sardellen
2 Eigelb
1 EL grober Senf
1 EL Zitronensaft
1 Spritzer Worcestershiresauce
70 ml Olivenöl
70 ml + 2 EL Pflanzenöl
100 g Joghurt
80 g Parmesan
Salz
Pfeffer
Zucker
150 g Grünkohl
2 Köpfe Roma-Salat
200 g Kirschtomaten
200 g Ciabatta
2 EL Butter
2 Hähnchenbrustfilets (à ca. 170 g)

1. Die Kürbiskerne und die Quinoa in einer Pfanne ohne Fett rösten. Den Honig zugeben und 1-2 Minuten karamellisieren. Zum Abkühlen auf einen Teller geben.

2. Für das Dressing den Knoblauch schälen und zusammen mit den Sardellen fein hacken. Beides mit den Eigelben, dem Senf, dem Zitronensaft und der Worcestershiresauce verrühren. 70 ml Olivenöl und 70 ml Pflanzenöl erst tröpfchenweise, dann in einem dünnen Strahl mit einem Schneebesen unterrühren. Die entstandene Mayonnaise mit dem Joghurt verrühren. Zum Schluss die Hälfte des Parmesans fein reiben und ebenfalls unterrühren. Mit Salz, Pfeffer und Zucker abschmecken. Bis zum Servieren kalt stellen. (Wegen des frischen Eigelbs muss das Dressing noch am gleichen Tag verzehrt werden.)

3. Den Grünkohl waschen, in mundgerechte Stücke zupfen und in Salzwasser 5 Minuten kochen. Unter kaltem Wasser abschrecken und gut ausdrücken.

4. Den Salat putzen, waschen, trocken schleudern und in mundgerechte Stücke zupfen. Die Tomaten waschen und halbieren. Das Brot in Würfel schneiden. Die Butter in einer Pfanne erhitzen, die Brotwürfel zugeben und goldbraun anbraten. Mit Salz und Pfeffer würzen.

5. Die Hähnchenbrust waschen, trocken tupfen und längs in Streifen schneiden. 2 EL Öl in einer Pfanne erhitzen. Die Hähnchenstreifen darin von allen Seiten ca. 6-8 Minuten anbraten. Mit Salz und Pfeffer abschmecken. Den Salat und den Grünkohl mit dem Dressing marinieren, auf vier Tellern verteilen. Die Tomaten, die Hähnchenbrust und die Croûtons auf dem Salat verteilen. Den restlichen Parmesan über den Salat reiben.

BULGUR-LINSEN-SALAT
mit Grünkohl und Süßkartoffel

Für 4 Personen

200 g Bulgur
100 g schwarze Linsen
Salz
150 g Grünkohl
500 g Süßkartoffel
6 EL Olivenöl
2 EL Fruchtessig
(z.B. Mangoessig)
Pfeffer
2 EL Honig
8–10 Blätter Minze
1 rote Chilischote
2 Frühlingszwiebeln
2 EL Erdnüsse, geröstet und gesalzen

1. Den Bulgur und die Linsen nach Packungsanweisung in Salzwasser kochen. Den Grünkohl waschen, in feine Streifen schneiden und in Salzwasser ca. 5 Minuten kochen. Mit kaltem Wasser abschrecken. Die Süßkartoffeln schälen, in ca. 2 × 2 cm große Würfel schneiden und in Salzwasser ca. 8 Minuten gar kochen.
2. Ein Dressing aus Öl, Fruchtessig, Salz, Pfeffer, Honig und Minze herstellen. Die Chili entkernen und fein hacken. Die Frühlingszwiebeln waschen und in feine Ringe schneiden. Alle übrigen Zutaten zum Dressing geben und gut mit dem Salat vermengen.

Auf Zedernholz geräucherte HÄHNCHENBRUST
mit Grünkohl-Chimichurri

Für 4 Personen

1 großes Zedernholzbrett (z.B. von Weber)
½ Bund Petersilie
30 g Grünkohl
100 ml hochwertiges Olivenöl
1 EL Zitronensaft
½ EL Zitronenzesten
1 Knoblauchzehe
1–3 Chilischoten (je nach gewünschtem Schärfegrad)
Salz
Pfeffer
1 EL Honig
4 kleine Hähnchenbrustfilets

IM OFEN:

1. Das Zedernholz mindestens 1 Stunde in Wasser legen. Den Backofen auf 220 °C Ober-/Unterhitze vorheizen.
2. Das Chimichurri vorbereiten. Die Petersilie und den Grünkohl waschen, gründlich trocken tupfen und beides sehr fein hacken. Mit dem Öl, dem Zitronensaft und den Zitronenzesten mischen. Den Knoblauch schälen, fein hacken und zum Chimichurri geben. Die Chilis in feine Ringe schneiden, zum Chimichurri geben und mit Salz, Pfeffer und Honig abschmecken.
3. Dann das Zedernholz aus dem Wasser nehmen, abtrocknen und 15 Minuten in den Backofen legen. In der Zeit die Hähnchenbrust waschen und trocken tupfen. Die Hähnchenbrustfilets auf das Zedernholzbrett legen und für ca. 20 Minuten im Ofen garen. Herausnehmen, das Fleisch mit der Chimichurri einstreichen und servieren. Dazu passen Salzkartoffeln.

AUF DEM GRILL:

1. Das Zedernholz mindestens 1 Stunde in Wasser legen. Einen Holzkohle- oder Gasgrill auf ca. 220 °C vorheizen.
2. Das Chimichurri wie oben beschrieben vorbereiten.
3. Dann das Zedernholz aus dem Wasser nehmen, abtrocknen und 15 Minuten in den Grill legen. Den Deckel schließen. (Falls der Grill keinen Deckel hat, das Zedernholz mit Alufolie bedecken.) In der Zeit die Hähnchenbrust waschen und trocken tupfen. Die Hähnchenbrustfilets auf das Zedernholzbrett legen (wenn es keinen Deckel gibt, wieder mit Alufolie bedecken) und für ca. 25 Minuten im Grill garen. Herausnehmen, Das Fleisch mit Chimichurri einstreichen und servieren. Dazu passen Salzkartoffeln.

SCHOLLENFILET
auf Zitronen-Rahm-Grünkohl

Für 4 Personen

800 g kleine Kartoffeln
 (Drillinge)
Salz
300 g Grünkohl
1 große Zwiebel
2 Knoblauchzehen
3 EL Butter
400 ml Fischfond
500 ml Sahne
Saft von 1 Zitrone
Pfeffer
Zucker
1 EL Speisestärke
4 küchenfertige
 Schollenfilets (à ca. 100 g)
8 EL hochwertiges Olivenöl
½ Bund Rosmarin
Fleur de Sel

1. Die Kartoffeln gut waschen und in kochendem Salzwasser ca. 15 Minuten gar kochen. Den Backofen auf 150 °C Ober-/Unterhitze vorheizen. Den Grünkohl waschen, trocken schleudern und in kleine Stücke schneiden.

2. Die Zwiebel und den Knoblauch schälen und fein würfeln. 1 EL Butter in einem Topf erhitzen, die Zwiebeln und den Knoblauch darin anbraten. Den Grünkohl zugeben und 3–4 Minuten mitbraten. Mit dem Fischfond ablöschen. 4 Minuten köcheln lassen, dann die Sahne und den Zitronensaft zugießen. Mit Salz, Pfeffer und Zucker würzen. Die Stärke mit 4–5 EL kaltem Wasser verrühren und in die köchelnde Sauce gießen.

3. Den Rahm-Grünkohl in eine feuerfeste Form geben. Den Fisch waschen, trocken tupfen und auf den Grünkohl legen. 4 EL Olivenöl über den Fisch gießen. Im vorgeheizten Backofen ca. 20 Minuten garen. Die Kartoffeln halbieren. 4 EL Olivenöl in einer Pfanne erhitzen. Die Kartoffeln zugeben und 3–4 Minuten anbraten. Die Rosmarinnadeln und die restliche Butter zu den Kartoffeln geben, mit Salz und Pfeffer würzen. Nochmals ca. 3 Minuten anbraten. Die Schollenfilets mit Salz (Fleur de Sel) würzen und alles zusammen servieren.

Asiatisches WOK-GEMÜSE
mit Mie-Nudeln und Tofu

Für 4 Personen

1 kleiner Brokkoli
Salz
200 g Grünkohl
1 rote Chilischote
1 Knoblauchzehe
4 EL Sojasauce
2 EL geröstetes Sesamöl
2 EL Olivenöl
Pfeffer
1 EL Honig
200 g Tofu
2 Frühlingszwiebeln
150 g Shimeji/Buchenpilze
200 g Karotten
1 Paprika
200 g Mini-Auberginen
250 ml Mie-Nudeln
1 Bund Koriander

1. Den Brokkoli putzen, in Röschen schneiden und in Salzwasser ca. 6 Minuten kochen. Den Grünkohl waschen, fein hacken und in Salzwasser 5 Minuten kochen. Die Chili in feine Ringe schneiden. Die Knoblauchzehe schälen und fein hacken.

2. Eine Marinade aus Sojasauce, Sesamöl, Olivenöl, Chili, Knoblauch, Salz, Pfeffer und Honig herstellen. Den Tofu würfeln. Die Frühlingszwiebeln waschen und in Ringe schneiden. Die Pilze putzen. Die Karotten schälen und in Stifte schneiden. Die Paprika waschen, trocken tupfen, halbieren, entkernen und in Streifen schneiden. Die Auberginen waschen, halbieren und rautenförmig einschneiden. Die Auberginen und das gesamte vorbereitete Gemüse in die Marinade geben und gut miteinander vermengen.

3. Die Mie-Nudeln nach Packungsanweisung in Salzwasser gar kochen. Das marinierte Gemüse und den Tofu in einem heißen Wok scharf anbraten. Den Koriander waschen, grob hacken und zugeben und das Gemüse nochmals mit Salz und Pfeffer abschmecken. Die Nudeln zusammen mit dem Gemüse und dem Tofu servieren. Man kann den Tofu natürlich auch durch Garnelen, Fisch oder Hähnchenfleisch ersetzen.

RUMPSTEAK
und Kräuterbutter, Grünkohl und Schwedenkartoffeln

Für 4 Personen

SCHWEDENKARTOFFELN
100 g Butter
6 vorwiegend festkochende Kartoffeln (à ca. 150 g)
Salz
Pfeffer
40 g Parmesan

GESCHMORTER GRÜNKOHL
400 g Grünkohl
2 Zwiebeln
100 g Speck
2 EL Schweineschmalz
1 l Gemüsebrühe

KRÄUTERBUTTER
30 g Kräuter (Petersilie, Kerbel, Majoran, Schnittlauch)
200 g weiche Butter
1 Spritzer Zitronensaft

FLEISCH
4 Rumpsteaks (je ca. 200 g)
2 EL Pflanzenöl
2 EL Butter
1 Knoblauchzehe
2 Stiele Rosmarin

1. Den Backofen auf 200 °C Ober-/Unterhitze vorheizen. Die Butter in einem kleinen Topf bei schwacher Hitze schmelzen. Die Kartoffeln waschen, trocken tupfen, halbieren und an der runden Seite fächerförmig einschneiden, nicht durchschneiden. Ein Backblech mit 1 EL geschmolzener Butter einstreichen. Die Kartoffeln mit der gefächerten Schnittfläche nach oben auf das Backblech legen. Mit Butter einstreichen. Mit Salz und Pfeffer würzen. Im Backofen ca. 40 Minuten backen. Den Parmesan grob reiben und auf den Kartoffeln verteilen. Nochmals 20 Minuten im Backofen backen.

2. Den Grünkohl waschen und trocken schleudern. Die Zwiebeln schälen und hacken. Den Speck in 0,5 cm große Würfel schneiden. Das Schmalz in einem Topf erhitzen, die Zwiebeln, den Speck und den Grünkohl darin anschwitzen. Mit Salz und Pfeffer würzen, mit der Brühe ablöschen und ca. 30 Minuten zugedeckt schmoren.

3. Für die Kräuterbutter die Kräuter waschen, trocken tupfen und fein hacken. Mit der weichen Butter und dem Zitronensaft vermengen. Mit Salz und Pfeffer würzen und abgedeckt in den Kühlschrank stellen.

4. Das Fleisch waschen und trocken tupfen. Das Öl und die Butter in einer Pfanne erhitzen. Den Knoblauch schälen, mit dem Messerrücken zerdrücken und zusammen mit dem Rosmarin in die Pfanne legen. Das Fleisch darin von beiden Seiten jeweils 3 Minuten scharf anbraten. Mit Salz und Pfeffer würzen und 5 Minuten zu den Kartoffeln in den heißen Ofen legen. Die Steaks zusammen mit der Kräuterbutter, dem Grünkohl und den Schwedenkartoffeln servieren.

GRÜNKOHL
auf klassische Art

Für 4 Personen

1,5 kg Grünkohl
2 Zwiebeln
4 EL Schweineschmalz
1 l Hühnerbrühe
Salz
Pfeffer
ca. 150 g geräucherter Speck (am Stück)
500 g Kartoffeln
4 Stücke Kasseler, Mettwurst, Pinkel oder Kohlwurst (nach Belieben)
evtl. Haferflocken zum Binden

1. Den Grünkohl waschen, trocken schleudern und grob hacken. Die Zwiebeln schälen und fein hacken. Das Schmalz in einem Topf erhitzen, die Zwiebeln darin anbraten. Den Grünkohl zugeben und mitbraten. Mit der Brühe ablöschen und mit Salz und Pfeffer würzen.

2. Den geräucherten Speck in den Grünkohl geben und alles ca. 30 Minuten abgedeckt leicht köcheln lassen. Die Kartoffeln schälen und würfeln. Die Kartoffeln und das Fleisch in den Grünkohl geben und unterrühren. Nochmals abgedeckt 30 Minuten leicht köcheln lassen. Wenn zu viel Flüssigkeit im Topf ist, 2–3 EL Haferflocken zugeben und unterrühren, um die Bindung zu verbessern. Den Speck entfernen. Mit Salz und Pfeffer abschmecken.

GRÜNKOHL
vegetarisch

Für 4 Personen

1,5 kg Grünkohl
2 Zwiebeln
2 EL Pflanzenöl
2 EL Butter
1 l Gemüsebrühe
Salz
Pfeffer
350 g geräucherter Tofu
500 g Kartoffeln
evtl. Haferflocken zum Binden

1. Den Grünkohl waschen, trocken schleudern und grob hacken. Die Zwiebeln schälen und hacken. Das Öl und die Butter in einem Topf erhitzen. Die Zwiebeln darin anbraten. Den Grünkohl zugeben und kurz mitanbraten. Mit der Gemüsebrühe ablöschen. Mit Salz und Pfeffer würzen. 30 Minuten zugedeckt köcheln lassen.
2. Den Tofu würfeln. Die Kartoffeln schälen und würfeln. Den Tofu und die Kartoffeln zum Grünkohl geben und unterrühren. Nochmals 30 Minuten abgedeckt köcheln lassen. Wenn zu viel Flüssigkeit im Topf ist, 2–3 EL Haferflocken unterrühren, um die Bindung zu verbessern.

PECANNUSS-SALBEI-PAPPARDELLE

Für 4 Personen

200 g Brokkoli
Salz
800 g Pappardelle
200 g Grünkohl
10 EL hochwertiges Olivenöl
25–30 Salbeiblätter
1 Knoblauchzehe
1 Zwiebel
100 g Pecannüsse
50 ml Weißwein oder
   Gemüsebrühe
100 g luftgetrockneter
   Schinken (z.B. San Daniele
   oder Parma)
Pfeffer

1. Den Brokkoli in kleine Röschen teilen und in kochendem Salzwasser ca. 8 Minuten bissfest garen. Die Pasta nach Packungsanweisung in Salzwasser kochen. Den Grünkohl waschen, trocken schleudern und in Salzwasser ca. 5 Minuten kochen. Mit kaltem Wasser abschrecken.

2. 3 EL Öl in einer Pfanne erhitzen, die Salbeiblätter darin ca. 30 Sekunden frittieren. Auf einem Küchentuch abtropfen lassen.

3. Den Knoblauch und die Zwiebel schälen und fein hacken. Die Pecannüsse grob hacken. 3 EL Öl in einer weiteren Pfanne erhitzen, den Knoblauch, die Zwiebeln, die Pecannüsse, den Brokkoli und den Grünkohl in die Pfanne geben und ca. 4 Minuten anbraten. Mit dem Weißwein oder der Gemüsebrühe ablöschen und mit Salz und Pfeffer abschmecken. Die Pasta zugeben. Auf vier Teller geben, den Salbei und den Schinken darüber verteilen, mit jeweils 1 EL Olivenöl beträufeln und servieren.

ZANDER
auf Grünkohl-Graupen-Risotto mit Specksauce

Für 4 Personen

RISOTTO
150 g Grünkohl
1 Knoblauchzehe
2 Zwiebeln
5 EL Olivenöl
350 g Graupen
70 ml Weißwein
1,2 l Gemüsebrühe
80 g Parmesan

SPECKSAUCE
100 g geräucherter Speck
1 Zwiebel
1 Knoblauchzehe
40 g Butter
40 g Mehl
50 ml Weißwein
150 ml Gemüsebrühe
400 ml Milch

FISCH
8 kleine Stücke Zander
 (a 80–100 g)
4 EL Olivenöl
2 EL Butter
Salz
Saft und Zesten von
 ½ Zitrone
4 Dillspitzen zum Garnieren

1. Den Grünkohl waschen und in mundgerechte Stücke schneiden. Den Knoblauch und die Zwiebeln schälen und fein hacken. Das Öl in einem Topf erhitzen. Den Knoblauch und die Zwiebeln darin anschwitzen. Den Grünkohl und die Graupen zugeben und kurz mitanschwitzen. Mit 70 ml Weißwein ablöschen und mit etwas Brühe aufgießen. Das Risotto leicht köcheln lassen und immer wieder mit Brühe aufgießen, bis das Risotto sämig wird. Insgesamt 1,2 l Brühe für das Risotto verwenden.

2. Für die Specksauce den Speck in kleine Würfel schneiden. Die Zwiebel und den Knoblauch schälen, beides fein hacken. Die Butter in einem Topf erhitzen, den Speck, den Knoblauch und die Zwiebeln darin anbraten. Mit Mehl bestäuben. Mit dem Weißwein ablöschen und mit der Brühe und der Milch auffüllen. Mit Salz und Pfeffer würzen. Bei kleiner Hitze bis zum Servieren köcheln lassen. Hin und wieder umrühren.

3. Den Fisch waschen und trocken tupfen. Das Olivenöl und die Butter in einer Pfanne erhitzen. Den Fisch mit der Hautseite nach unten in die Pfanne legen und ca. 4 Minuten anbraten. Dann wenden und nochmals 3 Minuten anbraten. Mit Salz und Zitronensaft würzen.

4. Den Parmesan reiben und unter das Risotto rühren. Das Risotto mit einem Anrichtering auf vier Tellern verteilen. Den Zander darauflegen. Die Sauce um das Risotto gießen. Mit Dill und Zitronenzesten garnieren und servieren.

LACHS AUS DEM OFEN
mit Grünkohl-Tomaten-Hirse-Salat

Für 4 Personen

100 g Hirse
Salz
400 ml Tomatensaft
4 EL Olivenöl
2 EL Limettensaft
Pfeffer
300 g Grünkohl
4 Frühlingszwiebeln
½ Bund Oregano
100 g Gurke
300 g Griechischer Joghurt
Zucker
2 EL Zitronensaft
½ Bund Thymian
4 Lachsfilets (à ca. 120 g)

① Den Ofen auf 180 °C Ober-/Unterhitze vorheizen. Die Hirse in gesalzenem Tomatensaft kochen. Abkühlen lassen. Das Olivenöl, den Limettensaft sowie Salz und Pfeffer miteinander verrühren und zur Hirse geben. Den Grünkohl waschen und trocken schleudern. In feine Streifen schneiden und in kochendem Salzwasser 5 Minuten kochen. Unter kaltem Wasser abschrecken und gut ausdrücken.

② Den Grünkohl zur Hirse geben. Die Frühlingszwiebeln waschen, in feine Ringe schneiden und zum Hirse-Salat geben. Die Oreganoblättchen vom Stiel zupfen, grob hacken und zum Salat geben.

③ Die Gurke waschen und grob raspeln. Die Gurkenraspel mit dem Joghurt verrühren. Mit Salz, Pfeffer und Zucker abschmecken.

④ Den Lachs auf ein mit Backpapier ausgelegtem Backblech legen und mit Salz und Zitronensaft würzen. Die Thymianblättchen vom Stiel zupfen und auf dem Lachs verteilen. Den Lachs in den Ofen geben und ca. 15 Minuten garen. Mit dem Salat und dem Gurken-Joghurt-Dip servieren.

DEFTIGE GRÜNKOHL-BULETTEN
in Tomatensauce

Für 4 Personen

1 trockenes Brötchen vom Vortag oder 3 Scheiben getoasteten Toast
2 EL Ketchup
1 EL mittelscharfer Senf
2 Eier
1 Zwiebel
1 Knoblauchzehe
300 g Grünkohl
800 g gemischtes Hackfleisch
Salz
Pfeffer
2 EL Öl
1 EL Tomatenmark
100 ml Rotwein
500 ml passierte Tomaten
100 ml Gemüsebrühe
Zucker
2 Stiele Rosmarin
2 Stiele Thymian

① Das Brötchen oder den Toast in sehr kleine Würfel schneiden, mit dem Ketchup, dem Senf und den Eiern mischen. Die Zwiebel und den Knoblauch schälen und fein hacken. 2 EL gehackte Zwiebeln zum Brot geben, den Rest für die Sauce zur Seite stellen.

② Den Grünkohl waschen, trocken schleudern und sehr fein (wie fein gehackte Kräuter) hacken. Den Grünkohl und das Hackfleisch mit der Brötchenmasse vermischen und kneten. Mit Salz und Pfeffer würzen. Aus der Hackfleischmasse kleine Buletten formen.

③ Das Öl in einer Pfanne erhitzen, die Buletten darin von allen Seiten ca. 8 Minuten anbraten. Die Buletten aus der Pfanne nehmen und kurz beiseite stellen. Im Bratensatz die restlichen Zwiebeln und den Knoblauch anschwitzen. Das Tomatenmark zugeben. Mit dem Rotwein ablöschen und mit den passierten Tomaten und der Gemüsebrühe auffüllen. Zum Kochen bringen. Mit Salz, Pfeffer und Zucker abschmecken.

④ Dann die Buletten vorsichtig in die Sauce geben und nochmals ca. 5 Minuten köcheln lassen. Die Rosmarinnadeln und die Thymianblättchen von den Stielen zupfen und hacken. Die Buletten mit den Kräutern bestreuen und servieren. Hierzu passen Kartoffeln, Pasta oder einfach nur frisches Baguette.

BURGER
mit Grünkohlchips

Für 4 Personen

BURGER BUNS
200 ml + 3 EL lauwarme Milch
25 g Zucker
6 g Salz
1 Würfel frische Hefe
400 g Mehl (Type 550)
1 Ei + 1 Eigelb
60 g geschmolzene Butter
2 EL weißer Sesam

BBQ-SAUCE
1 EL Worcestershiresauce
1 EL brauner Zucker
4 EL Ketchup
½ TL scharfer Senf
1 EL geräuchertes Paprikapulver
1 EL Zitronensaft

RINDFLEISCH-PATTY
800 g Rinderhack
Pfeffer
2 EL Öl
2 EL Mayonnaise
2 EL süßer Senf
1 große Tomate
4 Cornichons
1 rote Zwiebel
Grünkohlchips*
150 g Fourme d'Ambert**

1. 200 ml Milch mit dem Zucker und dem Salz verrühren. Die Hefe hineinbröseln. Das Mehl, 1 Ei und die Butter in eine Rührschüssel geben. Wenn die Hefe in der Milch aufgelöst ist, mit in die Rührschüssel geben und alles zu einem glatten Teig verkneten. Mit einem Küchentuch abdecken und an einem warmen Ort mindestens 30 Minuten gehen lassen. Zu vier gleich großen Kugeln formen und auf ein mit Backpapier ausgelegtes Backblech legen. Abdecken und nochmals 30 Minuten an einem warmen Ort gehen lassen.

2. Den Backofen auf 200 °C Ober-/Unterhitze vorheizen. Die Teigkugeln mit der Handfläche etwas platt drücken. 3 EL Milch und das Eigelb miteinander verquirlen. Mit einem Backpinsel auf die Teigkugeln streichen. Mit Sesam bestreuen und 16–18 Minuten backen.

3. Für die BBQ-Sauce alle Zutaten zusammen in einen Topf geben und aufkochen. Unter Rühren ca. 10 Minuten leicht köcheln lassen.

4. Das Rinderhack mit Salz und Pfeffer würzen. Aus dem Hackfleisch vier Pattys formen. Das Öl in einer Pfanne (wenn möglich einer Grillpfanne) erhitzen. Die Pattys darin von beiden Seiten 7–8 Minuten anbraten.

5. Die Mayonnaise und den Senf miteinander verrühren. Die Tomate waschen, trocken tupfen und in Scheiben schneiden. Die Cornichons in Scheiben schneiden. Die Zwiebel schälen und in Ringe schneiden.

6. Die Brötchen halbieren und die Schnittflächen in einer Pfanne ohne Fett kurz anrösten. Mit Fleisch, BBQ-Sauce, Mayo-Senf, Grünkohlchips, Tomatenscheiben, Zwiebelringen, Gurken und Käse belegen und mit Salz und Pfeffer würzen. Dazu passen Kartoffelecken.

*siehe Rezept Seite 31   **französischer Schimmelkäse

Cremige GRÜNKOHLPOLENTA
mit Kräuterseitlingen und kross frittierten Kräutern

Für 4 Personen

200 g Grünkohl
Salz
1 Knoblauchzehe
4 EL Olivenöl
400 ml Milch
400 ml + 100 ml Gemüsebrühe
100 g Polenta
2 EL + 50 g Butter
Pfeffer
150 ml Öl zum Frittieren
½ Bund Kräuter (z.B. Petersilie, Oregano, Salbei, Kerbel)
1 Zwiebel
300 g Kräuterseitlinge
100 g Parmesan
1 EL rosa Beeren

1. Den Grünkohl waschen und in mundgerechte Stücke schneiden. In Salzwasser ca. 5 Minuten kochen. Unter kaltem Wasser abschrecken und gut ausdrücken.
2. Den Knoblauch schälen und fein hacken. 2 EL Öl in einem Topf erhitzen, den Knoblauch darin kurz anschwitzen, die Milch und 400 ml Brühe zugeben und aufkochen. Die Polenta unter Rühren in den Topf gießen. Auf kleiner Flamme ca. 20 Minuten leicht köcheln lassen. Immer wieder umrühren.
3. 1 EL Butter in einem Topf erhitzen, den Grünkohl zugeben und kurz anbraten. Mit 100 ml Brühe ablöschen und mit Salz und Pfeffer würzen. Einige Minuten köcheln lassen.
4. Das Öl zum Frittieren in einem kleinen Topf erhitzen. Die Kräuter darin ca. 30 Sekunden frittieren. Auf einem Küchentuch abtropfen lassen. Die Zwiebel schälen und in feine Würfel schneiden. Die Kräuterseitlinge in ca. 0,5 cm dicke Scheiben schneiden. 1 EL Butter mit 2 EL Olivenöl in einer Pfanne erhitzen. Die Kräuterseitlinge und die Zwiebeln zugeben und von allen Seiten ca. 4 Minuten anbraten. Mit Salz und Pfeffer würzen.
5. Den Parmesan reiben. 50 g Butter in kleine Würfel schneiden und zusammen mit dem Parmesan zur Polenta geben. Wenn der Käse und die Butter komplett geschmolzen sind, die Polenta auf vier Tellern verteilen. Erst den Grünkohl, dann die Pilze darauf verteilen und mit krossen Kräutern und rosa Beeren garnieren.

KARTOFFEL-GRÜNKOHL-AUFLAUF

Für 4 Personen

200 g Champignons
1 Zwiebel
1 Knoblauchzehe
2 EL Butter
2 EL Mehl
300 ml Gemüsebrühe
400 ml Milch
Salz
Pfeffer
Muskat
200 g Grünkohl
180 g festkochende Kartoffeln
5–6 Zweige Thymian
100 g Edamer

1. Den Backofen auf 180 °C Ober-/Unterhitze vorheizen. Die Champignons putzen und je nach Größe halbieren oder vierteln.
2. Die Zwiebel und den Knoblauch schälen und fein hacken. Die Butter in einem Topf schmelzen. Die Champignons, den Knoblauch und die Zwiebel darin anbraten. Das Mehl zugeben und alles verrühren. Die Brühe und die Milch zugießen. Aufkochen und mit Salz, Pfeffer und Muskat würzen. 12 Minuten leicht köcheln lassen. Häufig umrühren, da die Sauce sehr schnell ansetzt.
3. Den Grünkohl waschen, trocken schleudern und in mundgerechte Stücke schneiden. Die Kartoffeln schälen und in ca. 3 mm dicke Scheiben schneiden. Den Grünkohl und die Kartoffeln in eine feuerfeste Form geben. Die Thymianblättchen vom Stiel zupfen und zur Sauce geben. Dann die Sauce über die Kartoffeln und den Grünkohl gießen. Den Käse über den Auflauf reiben und im Backofen ca. 35 Minuten goldbraun backen.

OLD-AMSTERDAM-QUICHE
mit Grünkohl und Mettwürstchen

Für 1 Quicheform mit 28 cm Durchmesser

MÜRBETEIG
125 g kalte Butter
250 g Mehl
1 Prise Salz
1 Ei
Butter und Mehl für die Quicheform

BELAG
300 g Grünkohl
Salz
150 g Mettwürstchen
2 rote Zwiebeln
200 g Old Amsterdam
Pfeffer
1 Msp. Muskat
½ TL gemahlener Kümmel
150 ml Sahne
3 Eier

① Für den Mürbeteig die Butter würfeln und zusammen mit dem Mehl, dem Salz und dem Ei mischen. Erst mit den Knethaken des Handrührgerätes, dann mit den Händen zu einem glatten Teig kneten. In Frischhaltefolie wickeln und eine Stunde in den Kühlschrank legen.

② Den Backofen auf 180 °C Ober-/Unterhitze vorheizen. Den Grünkohl waschen, trocken schleudern und fein hacken. In Salzwasser ca. 5 Minuten kochen. Unter kaltem Wasser abschrecken und gut ausdrücken. Die Mettwürstchen in ca. 1 cm dicke Scheiben schneiden und zum Grünkohl geben. Die Zwiebeln schälen, halbieren, in Streifen schneiden und zum Grünkohl geben. Den Käse grob reiben, zum Grünkohl geben und alles miteinander vermengen. Mit Salz, Pfeffer, Muskat und Kümmel würzen.

③ Die Quicheform mit Butter einfetten und mit Mehl bestäuben. Den Mürbeteig ausrollen und die Quicheform damit auslegen. Die Ränder etwas andrücken. Die Grünkohl-Masse in die Quicheform geben. Die Sahne und die Eier miteinander verquirlen. Mit Muskat, Salz und Pfeffer abschmecken und über die Grünkohl-Masse gießen. Im Backofen ca. 30–40 Minuten backen. Aus der Form lösen und servieren.

GRÜNKOHL-RAVIOLI
mit geschmorter Roter Bete

PASTATEIG
600 g Pasta-Mehl
6 Eier
4 EL Olivenöl
Salz

FÜLLUNG
200 g Grünkohl
2 Schalotten
1 Knoblauchzehe
1 EL Öl
Pfeffer
100 g Sahne
200 g Provelone
100 g Panchetta

GESCHMORTE ROTE BETE
4 Schalotten
1 Knoblauchzehe
400 g Rote Bete
1 EL Olivenöl
1 EL Tomatenmark
150 ml Rotwein
150 ml Gemüsebrühe
4–6 Zweige Thymian

80 g Rucola
2 EL Sonnenblumenkerne
1 Eigelb
4 EL hochwertiges Olivenöl

① Für den Pastateig das Mehl, die Eier, das Olivenöl und etwas Salz zu einem glatten Teig verkneten. In Frischhaltefolie einwickeln und im Kühlschrank aufbewahren.

② Für die Rote Bete die Schalotten und den Knoblauch schälen, den Knoblauch grob hacken und die Schalotten vierteln. Die Rote Bete (mit Einweghandschuhen) schälen und je nach Größe sechsteln oder achteln. Das Öl in einem Topf erhitzen. Die Zwiebeln, den Knoblauch und die Rote Bete darin anbraten. Das Tomatenmark zugeben. Mit dem Rotwein und der Gemüsebrühe ablöschen. Mit Salz und Pfeffer würzen. Die Thymianblättchen vom Stiel zupfen und zugeben. Abgedeckt bei mittlerer Hitze ca. 30 Minuten schmoren. Den Rucola putzen, waschen und trocken schleudern. Bis zum Servieren kalt stellen. Die Sonnenblumenkerne in einer Pfanne ohne Fett rösten.

③ Für die Pastafüllung den Grünkohl waschen und trocken schleudern. Den Grünkohl sehr fein hacken. Die Schalotten und den Knoblauch schälen und fein hacken. Das Öl in einer Pfanne erhitzen, den Knoblauch, die Zwiebeln und den Grünkohl darin anbraten. Mit Salz und Pfeffer würzen. In eine Schüssel füllen und etwas abkühlen lassen. Die Sahne zugeben. Den Provelone fein reiben, den Panchetta in kleine Würfel schneiden und beides zum Grünkohl geben. Alles gut miteinander vermengen.

④ Den Pastateig mit einer Nudelmaschine oder einem Nudelholz zu zwei dünnen Bahnen ausrollen. Auf eine Bahn walnussgroße Häufchen der Füllung mit genügend Abstand setzen. Das Eigelb verquirlen und den Pastateig um die Füllung damit einpinseln. Die andere Bahn nun darüberlegen und mit einem Teigrädchen oder einem Messer viereckige Ravioli ausschneiden. Die Ränder gut andrücken. Die Ravioli in leicht kochendem Salzwasser 4-5 Minuten kochen. Herausnehmen, mit Olivenöl beträufeln und zusammen mit Roter Bete, Rucola und Sonnenblumenkernen servieren.

SCHWEINEFILET
mit Grünkohlkruste

Für 4 Personen

OFENKÜRBIS
600 g Hokkaido
4 EL hochwertiges Olivenöl
Salz
Pfeffer
Honig

SCHWEINEFILET
100 g Grünkohl
50 g Parmesan
50 g Toast
100 g weiche Butter
Pflanzenöl
800 g Schweinefilet

BALSAMICO-SCHALOTTEN
8 mittelgroße Schalotten
2 EL Butter
2 EL Zucker
6 EL Balsamico

1. Den Backofen auf 180 °C Ober-/Unterhitze vorheizen. Den Kürbis waschen, trocken reiben und entkernen. Das Kürbisfleisch in grobe Würfel schneiden. In eine Schüssel geben und mit Öl beträufeln. Mit Salz, Pfeffer und Honig würzen. Auf einem mit Backpapier ausgelegten Backblech verteilen und im Backofen ca. 25 Minuten backen.

2. Für die Grünkohlkruste den Grünkohl waschen und hacken. In Salzwasser ca. 5 Minuten kochen. Durch ein Sieb abschütten und mit kaltem Wasser abschrecken. Den Grünkohl gut ausdrücken. Den Parmesan fein reiben. Die Rinde vom Toast entfernen und diesen in kleine Würfel schneiden. Den Grünkohl zusammen mit dem Parmesan, dem Toast und der weichen Butter in einen Mixer geben und alles zu einer gleichmäßigen Masse pürieren. Wenn notwendig, etwas Öl zugeben. Mit Salz und Pfeffer würzen und bis zur weiteren Verwendung kalt stellen.

3. Das Schweinefilet waschen, trocken tupfen und parieren. Öl in einer Pfanne erhitzen und das Filet darin von allen Seiten ca. 6 Minuten scharf anbraten. Mit Salz und Pfeffer würzen. Das Filet aus der Pfanne nehmen und in eine feuerfeste Form legen. Die Krustenmasse gleichmäßig auf dem Filet verteilen und die Form zu dem Kürbis in den Ofen stellen. Je nach Dicke 10–15 Minuten garen.

4. Die Schalotten schälen und vierteln. Die Butter in einer Pfanne erhitzen, die Schalotten darin scharf anbraten. Den Zucker zugeben. Wenn der Zucker beginnt zu karamellisieren, also goldbraun wird, mit dem Essig ablöschen. 2–3 Minuten einköcheln lassen.

5. Das Fleisch in 8 Stücke schneiden und mit den Balsamico-Schalotten und dem Kürbis servieren. Dazu passen Kartoffelplätzchen.

Register

A
Asiatischer Grünkohl-Salat in Erdnussdressing → 45
Asiatisches Wok-Gemüse mit Mie-Nudeln und Tofu → 59
Aufgeschlagene Grünkohlsuppe mit Cheddar-Pumpernickel-Spießen → 12
Auf Zedernholz geräucherte Hähnchenbrust mit Grünkohl-Chimichurri → 55

B
Beef-Brisket-Sandwich mit Kale-Slaw und BBQ-Sauce → 19
Bulgur-Linsen-Salat mit Grünkohl und Süßkartoffel → 50
Burger mit Grünkohlchips → 75

C
Cremige Grünkohlpolenta mit Kräuterseitlingen und kross frittierten Kräutern → 76

D
Deftige Grünkohlbuletten in Tomatensauce → 72

E
Ei auf Grünkohl-Toast, pochiertes → 24

G
Gefüllte Zucchini → 15
Grüner Power-Smoothie → 11
Grünkohl auf klassische Art → 63
Grünkohlbrötchen → 28
Grünkohlbuletten in Tomatensauce, deftige → 72
Grünkohl-Ceasar-Salad mit Quinoa-Kürbiskerntopping → 49
Grünkohl-Feldsalat mit Apfelchips, gebratenem Speck und Bergkäse → 46
Grünkohl-Flammkuchen → 27
Grünkohlpesto → 32
Grünkohl-Pesto-Dip, pikanter → 35
Grünkohlpolenta mit Kräuterseitlingen und kross frittierten Kräutern, cremige → 76
Grünkohl-Ravioli mit geschmorter Roter Bete → 83
Grünkohl, roh marinierter → 41
Grünkohl-Salat in Erdnussdressing, asiatischer → 45
Grünkohl-Salat mit Tandoorihähnchen und Ziegenkäse, orientalischer → 42
Grünkohlsuppe mit Cheddar-Pumpernickel-Spießen, aufgeschlagene → 12
Grünkohl vegetarisch → 64

H
Hähnchenbrust mit Grünkohl-Chimichurri, auf Zedernholz geräucherte → 55

K
Kartoffel-Grünkohl-Auflauf → 79
Kartoffel-Grünkohl-Waffeln mit Räucherlachs und Crème fraîche → 20
Kartoffeln, mit Grünkohl und Nordseekrabben gefüllte → 23

L
Lachs aus dem Ofen mit Grünkohl-Tomaten-Hirse-Salat → 71

M
Mit Grünkohl und Nordseekrabben gefüllte Kartoffeln → 23

O
Ofenkarotten in Grünkohlpesto → 36
Old-Amsterdam-Quiche mit Grünkohl und Mettwürstchen → 80

Orientalischer Grünkohl-Salat mit
  Tandoorihähnchen und Ziegenkäse → 42

P
Pecannuss-Salbei-Pappardelle → 67
Pikanter Grünkohl-Pesto-Dip → 35
Pochiertes Ei auf Grünkohl-Toast → 24
Power-Smoothie, grüner → 11

R
Roh marinierter Grünkohl → 41
Rumpsteak und Kräuterbutter, Grünkohl
  und Schwedenkartoffeln → 60

S
Schollenfilet auf Zitronen-Rahm-
  Grünkohl → 56
Schweinefilet mit Grünkohlkruste → 84

W
Wok-Gemüse mit Mie-Nudeln und Tofu,
  asiatisches → 59
Wrap mit Rote-Bete-Hummus und
  Grünkohl → 16

Z
Zander auf Grünkohl-Graupen-Risotto
  mit Specksauce → 68
Zucchini, gefüllte → 15
Zweierlei Grünkohlchips mit
  Guacamole → 31

Bildnachweis

Sämtliche Fotos stammen vom Studio Seiffe, Hamburg. Der Jan Thorbecke Verlag dankt für die freundliche Genehmigung zum Abdruck und die angenehme Zusammenarbeit, insbesondere dem Fotografen Arvid Knoll.

Die Autorin

Carina Seppelt, 1988 im Münsterland geboren, lebt heute ihren Traumberuf als Foodstylistin und Rezeptentwicklerin. 2005 legte sie den Grundstein mit ihrer Ausbildung zur Köchin und kann seitdem ihre kreative Ader mit köstlichen Gaumenfreuden verbinden. Verschiedene Stationen im gesamten Bundesgebiet nutzte sie, um Erfahrungen im Bereich Foodstyling zu sammeln. Seit 2013 arbeitet sie deutschlandweit als freiberufliche Foodstylistin und Rezeptentwicklerin. Bei Thorbecke erschienen von ihr bereits »Endlich Kürbiszeit!« und »Frühstücksbrei und Porridge«.